Dieses Buch gehört:

....

Sonja Meierjürgen

Tiere im Regenwald

TESSLOFF

Hallo!

Ich bin Carlos, das Faultier.
Ich lebe im Regenwald.
Dort hänge ich am liebsten
in den riesigen Bäumen herum.
Glaubst du deshalb, dass ich faul bin?
Das stimmt nämlich gar nicht!
Willst du mehr über mich wissen?
Dann komm mit in den Regenwald!

Hast du beim Lesen
gut aufgepasst?
Dann ran ans Lesequiz!

Mach mit beim
Buchstabenrätsel!
Im Buch zeige ich
dir fünf Buchstaben.
Setze sie zusammen.
Wie heißt das Wort?
Die Lösung findest
du auf Seite 47.

Inhalt

Willkommen im Regenwald

Riesige Bäume wachsen
hoch in den Himmel.
Eine Horde Affen schwingt sich
von Ast zu Ast.
Alle kreischen wild durcheinander.
Was für ein Radau!

Bunte Vögel und Schmetterlinge
flattern durch die Luft.
Am Boden krabbeln riesige Spinnen
und winzige Ameisen umher.
Im Regenwald ist richtig viel los!

Orang-Utan

Himmelsfalter

Wo ist das Tier?
Der kleine Gecko
ist kaum zu sehen.

Viele Arten

Nirgendwo gibt es so viele verschiedene Tiere wie hier. Und immer wieder werden neue Arten entdeckt.

Das ist aber gar nicht so leicht. Vor allem kleine Tiere können sich im Regenwald gut verstecken. Und viele von ihnen sind Meister der Tarnung!

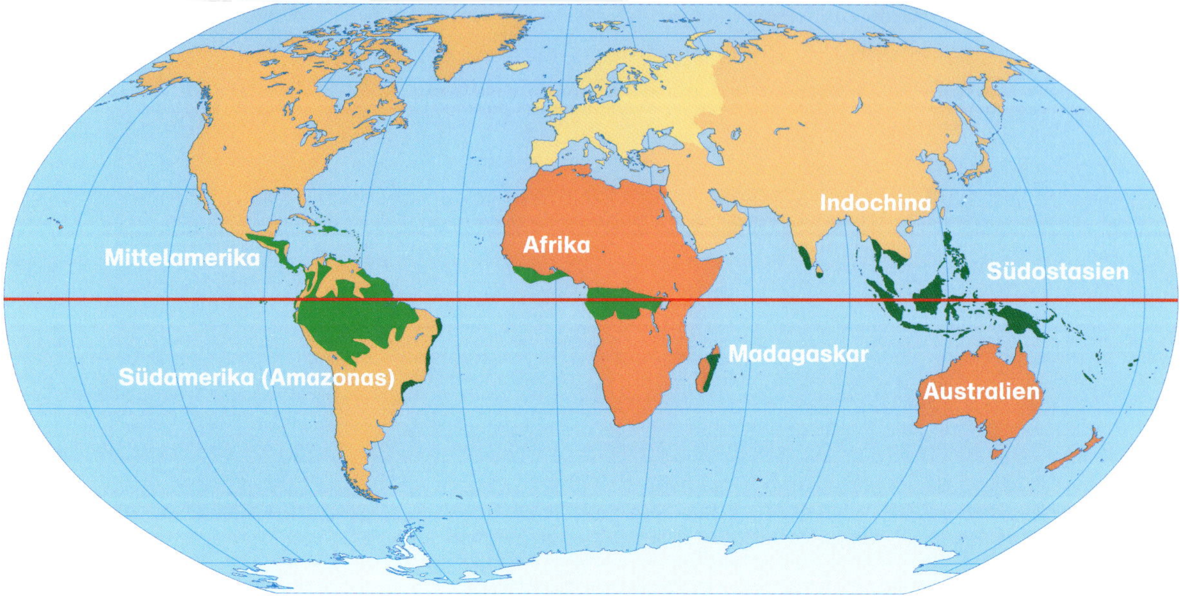

■ Regenwald

Wo gibt es Regenwälder?

Der Äquator läuft wie ein Gürtel
um den Bauch der Erde.
Er teilt die Erdkugel in zwei Hälften.
Rund um den Äquator liegen
die tropischen Regenwälder.

Den größten Regenwald
gibt es am Amazonas.
Das ist ein riesiger Fluss
mit vielen kleinen Nebenflüssen.
Er liegt in Südamerika.

Schon gewusst?

- Im Regenwald gibt es keine Jahreszeiten.
  Es ist jeden Tag etwa gleich warm.
- Die Bäume sind immer grün.
  Sie werfen ihre Blätter nicht ab.
- Die Sonne steht hoch am Himmel.
  Ihre Strahlen haben viel Kraft.
- Die Luft ist immer feucht.
  Oft hängt Nebel über den Bäumen.
- Tagsüber verdunstet sehr viel Wasser.
  Es bilden sich dichte Wolken.
  Darum regnet es oft.
- Die grüne Lunge der Erde:
  So werden die Regenwälder genannt.

Ein Haus aus Bäumen

Ein Haus mit vier Stockwerken:
So ähnlich kannst du dir
den Regenwald vorstellen.

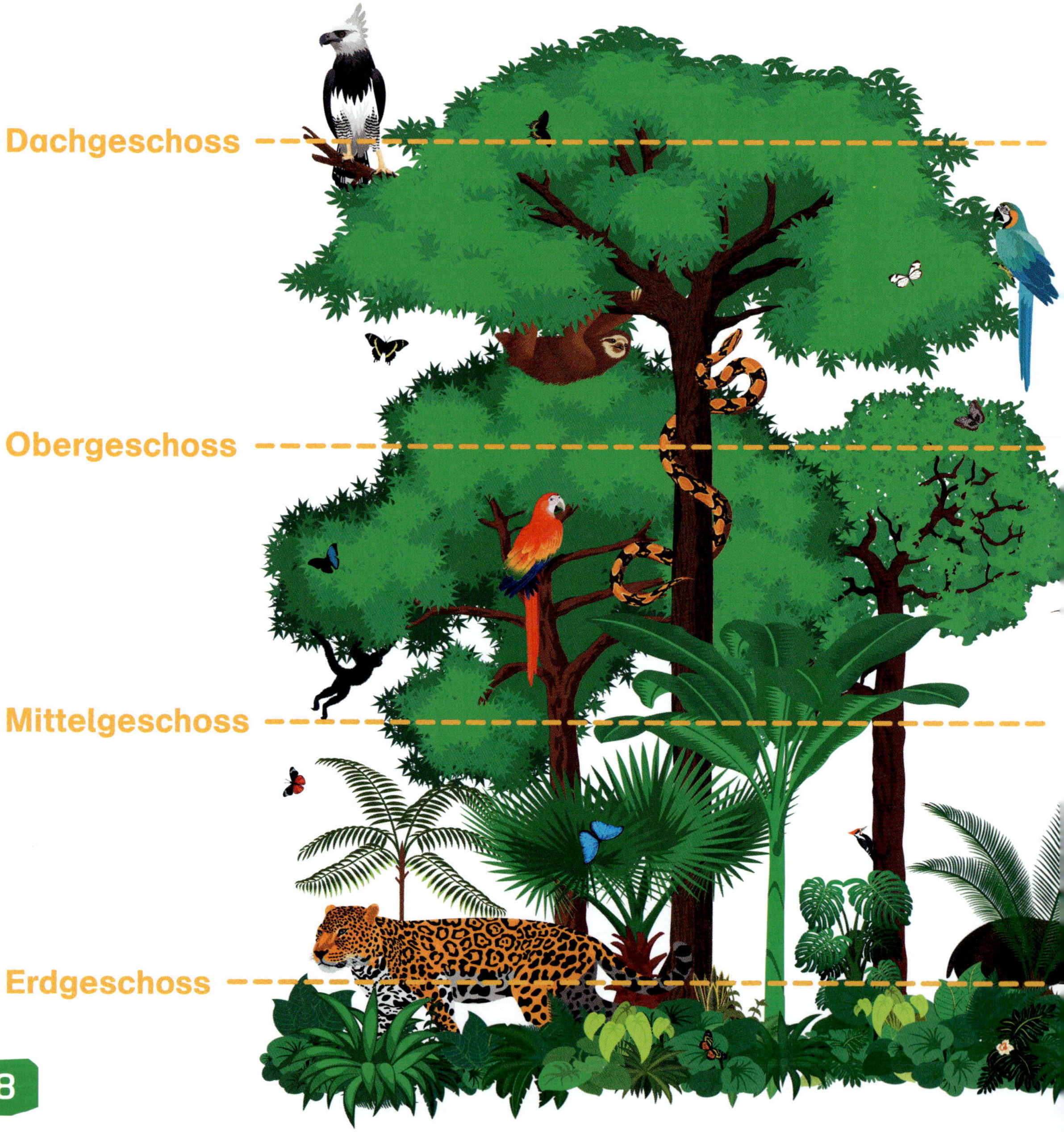

Stockwerke im Wald

Auf dem Dach

Einzelne Baumriesen ragen
aus den anderen Bäumen heraus.
Sie heißen Überständer.

Die obere Etage

Die Baumkronen sind üppig und dicht.
Es ist hell, sonnig und heiß.

In der Mitte

Hier ist die Luft sehr feucht.
Es gibt viele niedrige Bäume.
Sie wachsen weiter zum Licht.

Auf dem Boden

Die dichten Bäume lassen
nicht viel Sonnenlicht durch.
Es ist dämmrig und feucht.

Platz für jedes Tier

Tiere gibt es in allen Stockwerken.
In den hohen Überständern
leben Vögel und Fledermäuse.
Die Bewohner des Waldbodens
mögen es lieber feucht und schattig.
Die meisten Tiere sind im Blätterdach
der Bäume unterwegs.

So findet jedes Tier seinen Platz.
Alle sind perfekt
an ihren Lebensraum angepasst.

Baumpython

Ameisenbär

Mein Lesequiz

1 Am Waldboden ist es ...

a) kühl und trocken.

b) dämmrig und feucht.

c) sonnig und hell.

Antwort b) ist richtig.

2 Wie heißen die Baumriesen im Regenwald?

a) Sie heißen Riesenbäume.

b) Sie heißen Überläufer.

c) Sie heißen Überständer.

Antwort c) ist richtig.

Wer fliegt da?

Im Regenwald geht es hoch hinaus.
Die Urwaldbäume können
bis zu 80 Meter groß werden.
Tagsüber ist es hier brütend heiß.
Die riesigen Bäume schwanken
im Wind hin und her.

Den **Papageien** macht das nichts aus.
Die bunten Vögel haben starke Zehen.
Damit können sie sich gut
an den Ästen festkrallen.

Diese Papageien heißen Aras.

Aras

Laut und gesellig

Papageien erkennst du sofort
an ihrem Schnabel.
Damit können die Vögel
sogar harte Nüsse knacken.
Auch beim Klettern
ist der Schnabel sehr nützlich.

Meist hört man Papageien schon,
bevor man sie sieht.
Dann tönt lautes Kreischen
durch den Regenwald.
Papageien sind nämlich sehr gesellig.
Sie leben in großen Schwärmen zusammen.

Ein toller Schnabel

Wer hat den schönsten Schnabel
im ganzen Regenwald?
Den hat der **Tukan**.
Er ist leichter, als er aussieht.
Denn er ist innen hohl.

Auch die Tukane wohnen
in den Wipfeln der hohen Bäume.
Dort hüpfen sie gern von Ast zu Ast.
Denn Tukane fliegen nicht gern.
Ihre Flügel sind dafür zu kurz.

Riesentukan

Regenbogentukan

Blautukan

Hier ist jemand richtig müde!

Echte Spaßvögel

Tukane sind lustig und gesellig.
Sie spielen gern mit anderen Tukanen.
Zum Spaß fechten sie mit ihren Schnäbeln.
Dabei machen sie richtig viel Lärm.

Zum Schlafen dreht der Tukan
seinen Kopf nach hinten.
Den Schnabel legt er auf dem Rücken ab.
Nun noch den Schwanz darüberklappen:
Jetzt ist der Vogel gut getarnt.

So winzig

Die kleinsten Vögel der Welt – das sind die **Kolibris**. Manche wiegen nur so viel wie eine Haselnuss.

Kolibris sind echte Flugkünstler. Sie können nicht nur vorwärts, rückwärts und zur Seite fliegen. Sie schweben sogar auf der Stelle. Dafür müssen sie superschnell mit den Flügeln schlagen: bis zu 100-mal pro Sekunde.

Die Federn der Kolibris schillern in der Sonne.

Der kleine Kolibri trinkt süßen Nektar. Dabei bestäubt er die Blüten.

Süßer Nektar

Kolibris lieben Nektar.
In ihrem Schnabel haben sie
eine lange Zunge.
Damit saugen sie den Nektar
aus den Blütenkelchen.
Das machen sie im Flug.
Sie müssen dafür nicht landen.

Das Fliegen kostet viel Energie.
Deshalb brauchen die Vögel
jede Menge Nahrung.
Sie futtern am Tag doppelt so viel
wie sie selbst wiegen.

Die Harpyie droht.
Sie hat ihre Federn
aufgestellt.

Stark und gefährlich

In Süd- und Mittelamerika
lebt die **Harpyie**.
Sie ist der stärkste Greifvogel der Welt.
Ihre Klauen sind riesig.
Damit kann der Vogel kräftig zupacken.
Die Krallen sind scharf wie Messer.
Sie werden bis zu sieben Zentimeter lang.

Am liebsten fängt die Harpyie
Faultiere oder Affen direkt vom Baum.
Mit der Beute fliegt sie zu ihrem Nest.
Oft wartet dort ein hungriges Küken
auf sein Futter.

Mein Lesequiz !?

1 **Der Schnabel des Tukans ...**

a) ist sehr schwer.

b) ist innen hohl.

c) ist nicht bunt.

Antwort b) ist richtig.

2 **Was können Kolibris nicht?**

a) Rückwärts fliegen.

b) Nektar aus Blüten saugen.

c) Faultiere jagen.

Antwort c) ist richtig.

Mit Fell und vier Beinen

Den Bauch nach oben,
mit dem Rücken nach unten:
So hängt das **Faultier** im Baum.
Es hat lange, gebogene Krallen.
Damit kann es sich gut festklammern.

Meistens schläft das Faultier.
Oder es döst vor sich hin.
Ab und zu bekommt es Hunger.
Dann futtert es die frischen Blätter
um sich herum.

Auf Mamas Bauch ist es sehr gemütlich.

Im Faultier-Fell wachsen Algen. Darum ist es grün.

Ist das Faultier faul?

Immer schön langsam!
Das ist das Motto des Faultiers.
So spart es Energie.
Denn es frisst vor allem Blätter.
Die haben nur wenige Nährstoffe.
Das Faultier ist also gar nicht faul,
sondern schlau!

Einmal in der Woche
muss das Faultier aufs Klo.
Dann klettert es vom Baum herunter.
Hoffentlich ist jetzt
kein Jaguar in der Nähe!

Einfach mal abtauchen

Wasserschweine fühlen sich
im Wasser sauwohl.
Sie leben in Sümpfen
oder in der Nähe von Flüssen.

Tagsüber hocken sie gern
bis zur Nase im Wasser.
Nur die Augen und Ohren
schauen heraus.
So sind die Tiere gut versteckt.
Die Umgebung haben sie
trotzdem im Blick.

Wasserschweine haben sogar Schwimmhäute zwischen ihren Zehen.

Wasserschweine sind die größten Nagetiere der Welt.

Gut aufgepasst!

Wasserschweine müssen
ständig wachsam sein.
Denn sie haben viele Feinde.
Für Jaguare oder Krokodile
sind sie leichte Beute.

Die großen Nager sehen aus
wie Riesen-Meerschweinchen.
Kein Wunder!
Die Tiere sind eng verwandt.

Wer knackt die Nuss?

Hast du schon einmal
eine Paranuss gegessen?
Sie wachsen an riesigen Bäumen
im Regenwald.
Paranüsse schmecken köstlich.
Das findet auch das **Aguti**.

Dieses flinke Nagetier ist etwa
so groß wie ein kleiner Hund.
Es kann sehr schnell rennen.
Und es kann kräftig zubeißen.
Denn es hat scharfe Zähne.

Paranüsse sind
die Samen der
Paranuss-Bäume.

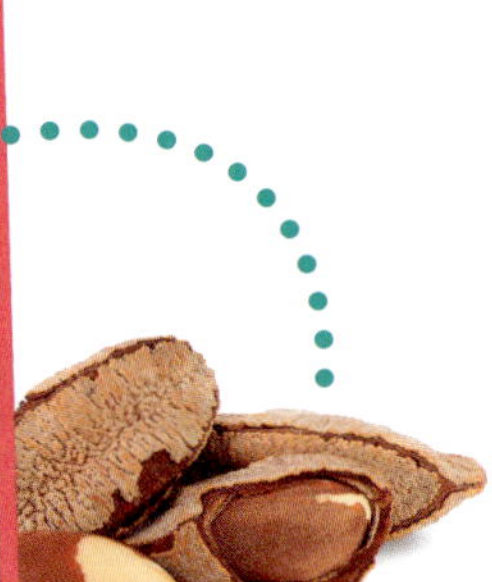

Neue Bäume

Gerade ist wieder eine Paranuss
vom Baum gefallen.
Das Aguti flitzt sofort los.
Es nagt die harte Schale auf.
Das schafft außer ihm
kein anderes Tier im Regenwald.

Einige Nüsse vergräbt es als Vorrat.
Doch es kann sich
nicht alle Verstecke merken.
Zum Glück für die Paranuss!
So können die Samen im Boden keimen.
Ein neuer Baum wächst heran.

Flachlandtapir

Zeig mal deinen Rüssel!

Es ist Abend geworden.
Ein **Tapir** streift durch den Wald.
Er hat einen kräftigen Körper
und ein borstiges Fell.
Seine Nase sieht aus wie ein Rüssel.
Damit zupft er Blätter und Knospen
von den Pflanzen.

Der Tapir kann gut schwimmen.
Dabei schaut sein Rüssel
aus dem Wasser heraus.
Er benutzt ihn
wie einen Schnorchel.

Ganz schön alt

Tapire gibt es schon
seit 50 Millionen Jahren.
Sie sahen damals schon
so ähnlich aus wie jetzt.

Heute leben noch
fünf Tapir-Arten auf der Erde.
Die größte von ihnen
ist der Schabrackentapir.
Seine Heimat ist Südostasien.

Gras, Blätter, Früchte:
Tapire mögen nur
Pflanzen-Futter.

Schabrackentapir

Der Jaguar ist
auf der Pirsch.
Was hat er wohl
entdeckt?

König des Dschungels

Und noch jemand ist jetzt
auf leisen Pfoten unterwegs.
Zwei gelbe Katzenaugen
leuchten aus dem Gebüsch.
Der **Jaguar** hat Hunger.
Nachts geht er auf die Jagd.

Jaguare erbeuten alles,
was ihnen vor die Pfoten kommt.
Sie selbst haben keine Feinde.
Nur wir Menschen können
ihnen gefährlich werden.

Mein Lesequiz !?

1 **Warum ist das Fell bei Faultieren grün?**

a) Die Haare wachsen grün nach.

b) Es wächst Moos im Fell.

c) Im Fell wachsen Algen.

Antwort c) ist richtig.

2 **Welches Tier knackt Paranüsse?**

a) Der Tapir.

b) Das Aguti.

c) Das Wasserschwein.

Antwort b) ist richtig.

Affen-Parade

Orang-Utans leben in Südostasien.
Ihr Lebensraum ist nur noch sehr klein.
Die zotteligen Tiere sind sehr schlau.
Sie gehören zu den Menschenaffen.
Genau wie Gorillas und Schimpansen.

Gorillas sind die größten
und stärksten Affen der Welt.
Ihre Heimat ist Afrika.
Auch hier gibt es Regenwälder.

Auch die **Schimpansen**
leben in Afrika.
Sie sind am engsten mit
uns Menschen verwandt.

Totenkopfäffchen kommen
im Regenwald sehr häufig vor.
Flink springen sie von Ast zu Ast.
Außerdem können sie gut klettern.

Lautes Gebrüll schallt weit
durch den Regenwald.
Die **Brüllaffen** unterhalten sich.
Manchmal werden sie so laut
wie ein Presslufthammer.

Plumploris leben in Südostasien.
Sie sehen sehr niedlich aus.
Doch sie sind geschickte Jäger.
Spinnen, Käfer und Falter
mögen sie besonders gern.

Frösche, Echsen und Co

Frösche, die auf Bäumen leben:
Auch das gibt es im Regenwald.
Sie heißen **Baumsteigerfrösche**.

Gerade regnet es im Regenwald.
In vielen Blüten und Blättern
sammelt sich das Wasser.
So entstehen dort winzige Pfützen.
Darin legen die Frösche ihre Eier ab.
Ein toller Trick!
Hier lauern keine hungrigen Fische
auf den Nachwuchs.

Der kleine Frosch
versteckt sich
in einer Bromelie.
Hier ist er sicher!

Giftige Hüpfer

Viele Frösche im Regenwald
sind knallbunt und sehr hübsch.
Doch Vorsicht! Sie sind giftig!
Die grellen Farben warnen Feinde:
„Friss mich lieber nicht!“

Manche Menschen im Regenwald
nutzen das Frosch-Gift für die Jagd.
Sie reiben ihre Pfeile damit ein.
Daher haben die kleinen Hüpfer
ihren zweiten Namen:
Sie werden **Pfeilgiftfrösche** genannt.

Flucht übers Wasser

Im Regenwald leben auch
Schlangen und Echsen auf Bäumen.
Der **Grüne Leguan** sieht aus
wie ein kleiner Drache.
Zwischen den Blättern ist er
sehr gut getarnt.

Der **Helmbasilisk** kann ein Kunststück:
Er läuft über das Wasser.
Eine Schlange kommt ihm zu nah?
Dann nichts wie weg!
Der Basilisk lässt sich vom Baum
ins Wasser fallen.
Dann flitzt er schnell davon.

Schnell weg hier!
Der kleine Basilisk
ist auf der Flucht.

Perfekt getarnt! Die Anakonda lauert auf Beute.

Lang und schwer

Achtung, hier kommt die größte
und schwerste Schlange der Welt:
die **Anakonda**.
Sie kann gut schwimmen und tauchen.
Am Wasser lauert sie auf Beute.
Sogar Wasserschweine und Kaimane
sind vor ihr nicht sicher.

Die Anakonda ist eine Würgeschlange.
Sie umschlingt ihr Opfer und drückt zu.
Dann wird die Beute im Ganzen verschluckt.

Ich schnapp' dich!

Am Flussufer lauert der **Kaiman**.
Stundenlang liegt er still im Wasser.
Bis ihm ein Opfer zu nah kommt:
Dann schnappt er blitzschnell zu.

Kaimane gehören zu den Krokodilen.
Du erkennst sie an ihrer Schnauze.
Sie ist geformt wie ein U.
Echte Krokodile haben dagegen
eine spitze Schnauze.

Ab ins Wasser!
Kaimane können
super schwimmen.

Mein Lesequiz !?

1 Welches Tier läuft über das Wasser?

a) Der Pfeilgiftfrosch.

b) Der Helmbasilisk.

c) Der Kaiman.

Antwort b) ist richtig.

2 Wie tötet die Anakonda ihre Beute?

a) Mit ihren Giftzähnen.

b) Mit ihrem kräftigen Schwanz.

c) Sie erdrückt ihre Beute.

Antwort c) ist richtig.

Flattern und krabbeln

Es summt und brummt
wie auf einer Blumenwiese.
Hoch oben im Blätterdach
gibt es jede Menge Insekten.
Sie sind die häufigsten Tiere
im Regenwald.

Prächtige **Schmetterlinge**
flattern durch die Luft.
Sie mögen es gern warm.
Viele Arten leben deshalb
im Regenwald.

Lauter
bunte Falter!

Genug geflattert! Der Morphofalter macht eine Pause.

Blau wie der Himmel

Der **Morphofalter** ist berühmt für seine leuchtenden Flügel. Sie schillern himmelblau. Darum wird der Schmetterling auch Himmelsfalter genannt.

Die blauen Falter können sehr schnell fliegen. Oft sonnen sie sich oben auf den hohen Bäumen. Dann kann man sie sogar aus dem Flugzeug heraus sehen.

Krasse Krabbler

Viele Millionen Ameisen
krabbeln durch die Regenwälder.
Sie sind sehr wichtig für die Natur.
Denn sie lockern den Boden auf.
Und machen Ordnung im Wald.

Im Regenwald leben Ameisen-Arten,
die uns zum Staunen bringen.
Da sind zum Beispiel
die **Blattschneiderameisen**.
Unter der Erde bauen sie riesige Nester.
Dort züchten sie Pilze als Nahrung.

Pilze im Garten

Laufende Blätter auf sechs Beinen:
So sieht es aus, wenn die Ameisen
ihre Beute nach Hause bringen.

Die Blätter selbst können
die Tierchen nicht verdauen.
Deshalb zerkauen sie sie zu Brei.
Damit füttern sie die Pilze in ihrem Bau.

Pilze und Ameisen helfen sich gegenseitig.
Die einen könnten ohne die anderen
nicht überleben.

Immer schön
der Reihe nach!
Die Ameisen bringen
ihre Beute ins Nest.

Zwischen den Pflanzen kann sich die Vogelspinne gut verstecken.

Ein Riese mit acht Beinen

Diesem Tier möchte man lieber nicht begegnen. Oder doch? Vielleicht findest du Spinnen ja gar nicht so eklig.

Die **Goliath-Vogelspinne** ist die größte Vogelspinne der Welt. Sie lebt auf dem Waldboden. Dort gräbt sie sich eine Wohnhöhle. Gut versteckt wartet sie auf Beute: Insekten, Frösche oder Mäuse. Vögel jagt sie aber nicht. Obwohl sie Vogelspinne heißt.

Zum Staunen

Der größte Käfer der Welt
ist der **Herkuleskäfer**.
Er wird so groß wie eine Hand.
Und etwa so schwer
wie eine Tafel Schokolade.

Was für eine tolle Tarnung!
Dieses hübsche Insekt heißt
Wandelndes Blatt.
Es kann sich sogar wie
ein Blatt im Wind bewegen.

Herkuleskäfer

Wandelndes Blatt

Alle zusammen
für den Regenwald!
Super!

Rettet den Regenwald!

Der Jaguar am Amazonas.
Die Orang-Utans in Südostasien.
Käfer, Frösche oder Schlangen.
Sie alle sind in großer Gefahr.

Jeden Tag werden große Flächen
in den Regenwäldern zerstört.
Sie müssen Platz machen
für Viehweiden und Plantagen.
Die Tiere verlieren ihren Lebensraum.

Darum setzen sich viele Menschen
für den Schutz der Regenwälder ein.
Denn als grüne Lunge der Erde
sind sie für uns alle sehr wichtig!

Mein Lesequiz !?

1 **Was fressen Blattschneiderameisen?**

a) Sie fressen Blätter.

b) Sie fressen Insekten.

c) Sie fressen Pilze.

Antwort c) ist richtig.

2 **Wie heißt der Morphofalter noch?**

a) Er heißt Himmelsfalter.

b) Er heißt Sonnenfalter.

c) Er heißt Sternenfalter.

Antwort a) ist richtig.

Mein großes Lesequiz !?

1 Wo gibt es die meisten Tiere im Regenwald?

a) Auf dem Waldboden.

b) Im Blätterdach.

c) In den Überständern.

Antwort b) ist richtig.

2 Wie heißt der stärkste Greifvogel der Welt?

a) Harpyie

b) Aguti

c) Anakonda

Antwort a) ist richtig.

3 Brüllaffen brüllen so laut ...

a) wie ein Flugzeug.

b) wie ein Auto.

c) wie ein Presslufthammer.

Antwort c) ist richtig.

4 Welche Tiere kommen im Regenwald am häufigsten vor?

a) Das sind die Vögel.

b) Das sind die Spinnen.

c) Das sind die Insekten.

Antwort c) ist richtig.

Buchstabenrätsel

Das gesuchte Wort lautet **Regen**.

Bildquellennachweis

picture alliance: 6o (dpa-infografik), 24ul (Aguti: Westend61/CSSHOT), 34u (Mary Evans Picture Library/Brian Bevan), 36u (imageBROKER/GTW), 38ul (Evolve/ Photoshot/JAMES CARMICHAEL JR), 38ur (Pacific Press/Azim Khan Ronnie), 42ol (Mary Evans Picture Library/Nick Gordon/ardea.com), 44o (dpa/Andreas Altwein); **Shutterstock:** 4ul (R.M. Nunes), 4ur (Romet6), 5o (Anna Veselova), 8-9 (SaveJungle), 10ul (Danny Ye), 10ur (wk1003mike), 12u (Bildagentur Zoonar GmbH), 13o (Miguel Schmitter), 14ul (Ondrej Prosicky), 14um (Miguel Lincango), 14ur (Diego Grandi), 16u (Ondrej Prosicky), 17o (yhelfman), 18o (Henner Damke), 20u (Manamana), 21o (Milan Zygmunt), 22u (Mysikrysa), 23ol (Vadim Petrakov), 23or (reisegraf.ch), 24ul (Paranuss: Nataly Studio), 25o (guentermanaus), 26o (belizar), 27u (jeep2499), 28o (miroslav chytil), 30ml (Jurgen Vogt), 30o (Jualan Foto Murah), 30ur (Abeselom Zerit), 31ol (Nick Fox), 31ul (Conservationist), 31mr (Justin Dawson), 32u (imageBROKER/ Rainer Müller), 33ol (Pavel Filatov), 33or (Salparadis), 35o (LABETAA Andre), 38um (Luis César Tejo), 39o (Lukas Gojda), 40-41u (Rick4you), 43ul (Mark Brandon), 43ur (feathercollector); **Wikipedia:** 15o (Paolo De Marchi)

Umschlagfotos: Shutterstock: U1 (Milan Zygmunt), U4 (Diego Grandi)

Text: Sonja Meierjürgen
Illustrationen: Marie Gerstner
Bildredaktion: Christine Schmidt-Rudloff
Gestaltung: Ruth Koch

Burgschmietstraße 2–4, 90419 Nürnberg
www.tessloff.com

ISBN 978-3-7886-7736-7

FSC
www.fsc.org
MIX
Papier | Fördert gute Waldnutzung
FSC® C002795

WAS IST WAS
Erstes
LESEN
easy!
Entdecke die Bäume
ORIGINAL
TESSLOFF

WAS IST WAS
Erstes
LESEN
easy!
Tiere im Meer
ORIGINAL
TESSLOFF

WAS IST WAS
Erstes
LESEN
easy!
Wie lebt die Honigbiene?
ORIGINAL
TESSLOFF

WAS IST WAS
Erstes
LESEN
easy!
Entdecke den Weltraum
ORIGINAL
TESSLOFF

WAS IST WAS
Erstes
LESEN
easy!
Wie leben die Delfine?
ORIGINAL
TESSLOFF

WAS IST WAS
Erstes
LESEN
easy!
Komm mit zu den Pferden
ORIGINAL
TESSLOFF

WAS IST WAS
Erstes
LESEN
easy!
Wie leben unsere Vögel?
ORIGINAL
TESSLOFF

WAS IST WAS
Erstes
LESEN
easy!
Tiere in Schnee und Eis
ORIGINAL
TESSLOFF

WAS IST WAS
Erstes
LESEN
easy!
Hunde - meine Lieblingstiere
ORIGINAL
TESSLOFF